Markus Baldus

Artikel 5 GG in der Rechtssprechung des Bundesverf
daten sind Mörder-Urteils'

Markus Baldus

Artikel 5 GG in der Rechtssprechung des Bundesverfassungsgerichtes am Beispiel des 'Soldaten sind Mörder-Urteils'

GRIN Verlag

Bibliografische Information der Deutschen Nationalbibliothek: Die Deutsche Bibliothek
verzeichnet diese Publikation in der Deutschen Nationalbibliografie; detaillierte bibliografische Daten sind im Internet über http://dnb.d-nb.de/ abrufbar.

1. Auflage 2003
Copyright © 2003 GRIN Verlag
http://www.grin.com/
Druck und Bindung: Books on Demand GmbH, Norderstedt Germany
ISBN 978-3-638-64554-6

Artikel 5 GG in der Rechtssprechung des Bundesverfassungsgerichtes am Beispiel des „Soldaten sind Mörder-Urteils"

von

Markus Baldus

Johannes Gutenberg-Universität Mainz
Institut für Politikwissenschaft

Hausarbeit zum Seminar

„Verfassungsprobleme aus politikwissenschaftlicher Sicht"

im Sommersemester 2003

Artikel 5 GG in der Rechtssprechung des Bundesverfassungsgerichtes am Beispiel des „Soldaten sind Mörder-Urteils"

Inhaltsverzeichnis

1.Problemstellung

Was für eine Zeit für das Bundesverfassungsgericht! Kaum jemals zuvor standen die Hüter der Verfassung so stark im Blickpunkt der Öffentlichkeit wie in den vergangenen Monaten und Jahren. Seien es Auslandeinsätze der Bundeswehr oder die „Homo-Ehe", es gab kaum eine gewichtiges Thema in der deutschen Politik, dass nicht in irgendeiner Form in den vergangenen Jahren Gegenstand von Verhandlungen vor dem Bundesverfassungsgericht war.

Dabei wurden die Entscheidungen des Bundesverfassungsgerichtes keineswegs immer zustimmend in der deutschen Öffentlichkeit aufgenommen. An Stammtischen aber auch unter Juristen und Wissenschaftlern waren viele Urteile des Bundesverfassungsgerichtes Gegenstand heftiger Auseinandersetzungen. Paradebeispiele waren in der nicht allzu fernen Vergangenheit das Zuwanderungsgesetz oder einige Jahre zuvor das Sitzblockadenurteil.

Ein Thema aber beschäftigte die deutsche Gesellschaft über sechs Jahrzehnte und endete schließlich vor dem Bundesverfassungsgericht: Das berühmte Zitat von Kurt Tucholsky „Soldaten sind Mörder". Nach diesem Urteil, das möchte ich an dieser Stelle bereits vorwegnehmen, endete die Diskussion über diesen Sachverhalt keineswegs, sondern heizte sich sogar zusätzlich an. Ansonsten ruhige Zeitgenossen warfen der Verfassungsjustiz ideologische Verblendung vor. Bezeichnend für die damalige Stimmung ist ein Kommentar des FDP-Verteidigungsexperten Jürgen Koppelin: „Wenn das Bundesverfassungsgericht es zulässt, dass Soldaten als Mörder bezeichnet werden können, dann muss es auch möglich sein, dass Soldaten Bundesrichter als Rufmörder bezeichnen können" (Koppelin 1995, zit. n. Hepp / Otto 1996, S. 213).

Aber war diese Kritik wirklich gerechtfertigt oder war das Urteil des Bundesverfassungsgerichtes eine logische Konsequenz der Interpretation des Artikel 5 GG und der bisherigen Rechtssprechung? Dieses Frage versuche in der hier vorliegenden Hausarbeit zu beleuchten.

Um dies zu erreichen ist es zuerst notwendig, dass wir uns in Kapitel 2 und 3 die nötigen Grundkenntnisse verschaffen, indem wir uns zunächst mit der allgemeinen

Interpretation des Artikel 5 GG auseinandersetzen (Kapitel 2) und anschließend die bisherige Rechtssprechung des Bundesverfassungsgerichtes bezogen auf den erwähnten Artikel betrachten (Kapitel 3). In Kapitel 4 wenden wir uns schließlich dem eigentlichen „Soldaten sind Mörder-Urteil" zu, um danach im abschließenden Kapitel unsere Fragestellung unter dem Gesichtspunkt der bis dorthin neu gewonnen Informationen näher betrachten zu können.

2. Der Artikel 5 GG

Im nun folgenden Kapitel soll die Grundlage für die Beantwortung unserer Fragestellung gelegt werden. Daher soll nun zuerst der genaue Wortlaut des Artikels 5 Grundgesetz (Meinungsfreiheit) vorgestellt werden (Kapitel 2.1), um anschließend die unter Juristen gängige Interpretation dieses Artikels kurz darlegen zu können (Kapitel 2.2 und 2.3).

2.1 Wortlaut

„Artikel 5 GG [Meinungsfreiheit]

(1) Jeder hat das Recht, seine Meinung in Wort, Schrift und Bild frei zu äußern und zu verbreiten und sich aus allgemein zugänglichen Quellen ungehindert zu unterrichten. Die Pressefreiheit und die Freiheit der Berichterstattung durch Rundfunk und Film werden gewährleistet. Eine Zensur findet nicht statt.

(2) Diese Rechte finden ihre Schranken in den Vorschriften der allgemeinen Gesetze, den gesetzlichen Bestimmungen zum Schutze der Jugend und in dem Recht der persönlichen Ehre.

(3) Kunst und Wissenschaft, Forschung und Lehre sind frei. Die Freiheit der Lehre entbindet nicht von der Treue zur Verfassung."

(Seifert / Hömig 1999, S. 88 f.)

Da für unsere weitere Bearbeitung der konkreten Fragestellung der Absatz 3 unerheblich ist, soll dieser Absatz in der nun folgenden Interpretation und auch im Kapitel 3 keine weitere Beachtung finden. Besonders wichtig für die Beantwortung unserer Fragestellung sind die Absätze 1 und 2, auf denen daher in den nun folgenden Kapiteln der Schwerpunkt dieser Ausarbeitung liegen wird. Dabei soll im Kapitel 2.2 der Absatz 1 besondere Beachtung finden und im Kapitel 2.3 der Absatz 2.

2.2 Interpretation

Der Artikel 5 Grundgesetz schützt einige essentielle Bestandteile unserer demokratischen Verfassung, die sich unter dem Oberbegriff „Meinungsfreiheit" subsumieren lassen. Diese Unterbegriffe gehen aus Absatz 1 hervor und sind die Meinungsäußerungs- und Informationsfreiheit (Satz 1), die Pressefreiheit und die Freiheit von Rundfunk und Film (Satz 2). In Satz 3 werden die in den Sätzen 1 und 2 genannten Freiheitsrechte durch das Zensurverbot nochmals verstärkt (vgl. Hesse 1955, S. 169).

Die hier aufgeführten Rechte gehören zu den Menschenrechten. Das bedeutet, dass jeder Mensch, egal ob Deutscher oder Ausländer, egal ob Minderjährig oder nicht, der sich auf dem Territorium der Bundesrepublik Deutschland befindet, sich auf den Artikel 5 Grundgesetz berufen kann (vgl. Hitschold 2003, S. 151).

In Artikel 48 der Weimarer Reichsverfassung war die Meinungsfreiheit in sogenannten Not- und Ausnahmezuständen nicht geschützt. Dies bedeutete, dass der Artikel 48 WRV für bestimmte Zeit außer Kraft gesetzt werden konnte. Artikel 5 Grundgesetz ist allerdings gegen eine Aufhebung in Not- und Ausnahmezuständen geschützt (vgl. Blank 1966, S. 43).

2.3 Beschränkungen

Die in Absatz 1 erwähnten Recht sind aber auch in der Bundesrepublik nicht völlig ohne Einschränkungen geblieben. Diese Beschränkungen werden in Absatz 2 geregelt.

Schaut man sich Absatz 2 etwas genauer an, so findet man 3 Sachverhalte, die die in Absatz 1 aufgeführten Rechte einschränken. Dies sind zum einen Vorschriften der allgemeinen Gesetze (vgl. Bieler 1997, S. 20). Allerdings sind Beschränkungen der Meinungsfreiheit durch allgemeine Gesetze nur recht eingeschränkt möglich, wie wir noch in Kapitel 3.3 anhand der Rechtssprechung des Bundesverfassungsgerichtes sehen werden.

Die beiden anderen Tatbestände, durch die die Meinungsfreiheit ihre Schranken finden kann, sind zum einen der Schutz der Jugend und zum anderen das Recht zum Schutze der persönlichen Ehre (vgl. Rohr 2001, S. 147). Besonders auf das Recht zum Schutz der persönlichen Ehre wird im Kapitel 3.5 noch genauer einzugehen sein, da dieser Sachverhalt eine wichtige Bedeutung zur Klärung unserer Problemstellung darstellt.

3. Die Rechtssprechung des Bundesverfassungsgerichtes

Im 3. Kapitel soll dargelegt werden, wie das Bundesverfassungsgericht selbst den Artikel 5 Grundgesetz in seiner bisherigen Rechtssprechung ausgelegt hat. Diese Betrachtung ist für unsere Fragestellung besonders wichtig, da wir nur so an späterer Stelle eine Beurteilung darüber treffen können, ob die von unterschiedlichen Seiten geäußerte Kritik bezüglich des „Soldaten sind Mörder-Urteils" tatsächlich gerechtfertigt war oder nicht.

3.1 Allgemeine Prinzipien

Für das Bundesverfassungsgericht war es in seinen Urteilen stets wichtig klarzustellen, dass für die in Absatz 1 festgehaltenen Grundrechte zwei Komponenten wesentlich sind: Zum einen stellen sie eine subjektive Freiheitsgarantie da und zum anderen besteht ein objektiver Bezug zum demokratischen Prinzip. Das demokratische Prinzip setzt, so das Bundesverfassungsgericht, eine möglichst gut und umfassend informierte Bevölkerung voraus (vgl. Seifert / Hömig 1999, S. 89).

Seit dem Lüth-Urteil im Jahre 1958 bewegt sich das Bundesverfassungsgericht damit in der Vorstellung, dass die in Artikel 5 benannten Grundrechte „als verfassungsrechtliche Grundentscheidung für alle Bereiche des Rechts gelten" (BverfG, 198, S. 204 f., zit. n. Grimm 1995, S. 1697). Lüth hatte Verfassungsbeschwerde gegen eine gerichtliche Entscheidung eingelegt, durch die er zur Unterlassung eines Boykottaufrufes gegen den Film eines ehemaligen Regisseurs der Nationalsozialisten aufgefordert wurde. Das Bundesverfassungsgericht gab Lüth Recht mit dem Hinweis, dass alle Bereiche des Rechts im Lichte der Grundrechte interpretiert werden müssten (vgl. Grimm 1995, S. 1697). Artikel 5 Grundgesetz erhielt damit durch die bisherige Rechtssprechung des Bundesverfassungsgerichtes eine besondere politische Bedeutung (vgl. Blank 1996, S. 44).

3.2 Differenzierung zwischen Meinungsäußerung und Tatsachenbehauptung

Das Bundesverfassungsgericht betonte in seinen Urteilen stets den Unterschied zwischen einer Meinungsäußerung und einer Tatsachenbehauptung. Während eine Meinungsäußerung einen umfassenden Schutz genießt, war dies bei einer Tatsachenbehauptung nur unter bestimmten Umständen der Fall. Worin genau unterscheiden sich aber nun laut Bundesverfassungsgericht diese beiden Aussageformen voneinander?

Eine Meinungsäußerung ist ein subjektives Urteil. Es sind Wertungen von Tatsachen, Verhaltensweisen oder Verhältnissen. Der Artikel 5 Grundgesetz erstreckt sich auf jede Meinungsäußerung, unabhängig davon, ob diese im objektiven Licht betrachtet richtig oder falsch ist. Auch spielt es in der bisherigen Rechtssprechungspraxis des Bundesverfassungsgerichtes keine Rolle, ob diese Meinungsäußerung emotional oder rational begründbar ist oder ob sie als wertvoll anzusehen ist oder nicht. Auch verwerfliche und herabsetzende Meinungsäußerungen wurden in bisherigen Urteilen bis zu den im Absatz 2 aufgeführten Schranken durch das Bundesverfassungsgericht geschützt (vgl. Seifert / Hömig 1999, S. 90).

Dieser umfassende Schutz der Meinungsäußerungen durch die Verfassungsjustiz bezieht sich vor allem auf die Wirkungsabsicht solcher Aussagen. Gerade Meinungsäußerungen zielen darauf ab, andere Menschen in ihrer Meinung zu beeinflussen und bedürfen daher manchmal einer besonderen Anschaulichkeit. Das Bundesverfassungsgericht hat daher stets betont, dass Meinungsäußerungen nicht bloß aufgrund ihrer Wirkungen auf Zuhörer vom Schutze der Verfassung auszuschließen sind (vgl. Grimm 1995, S. 1698).

Eine Tatsachenbehauptung bezieht sich auf einen objektiv überprüfbaren Sachverhalt und wird bewusst so vermittelt, als handle es sich bei dieser Aussage um einen Tatbestand. Auch Tatsachenbehauptungen sind in vielen Fällen vom Bundesverfassungsgericht unter den Schutz der Meinungsfreiheit gestellt worden. Der Schutz endet dort, wo Tatsachenbehauptungen nicht mehr zur allgemeinen Meinungsbildung geeignet sind. Anders als bei der Meinungsäußerung muss bei einer Tatsachenbehauptung daher stets der Wahrheitsgehalt dieser Aussage in die Beurteilung einbezogen werden. Wird eine unwahre Tatsachenbehauptung bewusst verbreitet, so fällt sie nicht unter den Schutz des Artikel 5 Grundgesetz (vgl. Seifert / Hömig 1995, S. 90). Besonders wichtig bezogen auf unsere Fragestellung ist, dass auch das unrichtige Zitat nicht durch die Meinungsfreiheit geschützt wird (vgl. Seifert / Hömig 1999, S. 90).

Allerdings ist es wichtig zu erwähnen, dass der Anspruch an die Wahrheitspflicht in der Rechtssprechung der Verfassungsjustiz nicht übersteigert wurde. So wurde zwar die bewusste Behauptung von falschen Tatsachen regelmäßig nicht unter den Schutz des Artikels 5 Grundgesetz einbezogen, aber Falschbehauptungen, die durch Fahrläs-

sigkeit entstanden waren, wurden unter den Schutz der Meinungsfreiheit gestellt
(vgl. Blank 1996, S. 45).

Die Grenzziehung zwischen den beiden Aussageformen Tatsachenbehauptung und
Meinungsäußerung gestaltet sich in der Rechtssprechung allerdings außerordentlich
schwierig. Diese beiden unterschiedlichen Kategorien der Aussage treten in der Pra-
xis in den seltensten Fällen getrennt voneinander auf. In Diskussionen beziehen sich
Meinungen häufig auf Tatsachen und Tatsachen werden wiederum dazu benutzt, um
Meinung zu beeinflussen. Die Festlegung, ob eine Äußerung nun eine Tatsachenbehauptung oder eine Meinungsäußerung darstellt geschieht daher durch die isolierte
Betrachtung einzelner Teile der getätigten Aussage. Solange durch diese Vorge-
hensweise der eigentlich Sinn der Aussage nicht verfälscht wird, ist diese Methode
durchaus legitim. Ist eine Isolierung allerdings ohne eine Sinnverfälschung nicht
möglich, so muss die entsprechende Aussage als Meinungsäußerung gewertet werden (vgl. Grimm 1995, S. 1699).

Ein Aussageform, die sich weder unter Meinungsäußerung noch unter Tatsachenbehauptung subsumieren lässt und in der Rechtssprechung bereits zu erheblichen Prob-
lemen geführt hat, ist die Frage. Fragen dienen in den meisten Fällen zur Aufklärung
von Tatsachen. Problematisch wird es dann, wenn diese Fragen bestimmte Tatsachen
benennen müssen, um über diese Aufschluss zu erlangen. Fragen können allerdings
nie war oder falsch sein. Ganz im Gegenteil: Sie sind ein wichtiger Bestandteil in der
allgemeinen Meinungsbildung, da sie auf die Erkenntnis ausgerichtet sind zu erfah-
ren, ob bestimmte Tatsachen der Wahrheit entsprechen. Fragen fallen aus diesem
Grunde unter den Schutz des Artikel 5 Grundgesetz unter der Voraussetzung, dass
sie nicht gegen die in Absatz 2 aufgeführten Beschränkungen verstoßen (vgl. Grimm
1995, S. 1699 f.).

3.3 Der Begriff „allgemeine Gesetze"

Ebenfalls von besonderer Bedeutung zur Aufklärung der in der Problemstellung aus-
gearbeiteten Fragestellung ist der Begriff „allgemeine Gesetze". Auf den ersten Blick

scheint diese Begrifflichkeit recht eindeutig und unproblematisch. Dieser Eindruck täuscht allerdings.

Nach einem Urteil des Oberverwaltungsgerichtes Münster aus dem Jahre 1972 sind „allgemeine Gesetze" verfassungsgemäße Gesetze. Daher ist es prinzipiell möglich, dass untergesetzliche Rechtsnormen die Meinungsfreiheit beschränken können (vgl. Bieler 1997, S. 20). Allerdings ist es nicht möglich, einfache gesetzlicher Bestimmungen nur zum Zweck der Beschränkung der Meinungsfreiheit zu erlassen. Dies wäre mit dem Artikel 5 Grundgesetz nach Auffassung des Bundesverfassungsgerichtes nicht vereinbar. Nur wenn Gesetze auf den Schutz eines Rechtsgutes abzielen, welches Vorrang vor dem Recht der freien Meinungsäußerung genießen soll, ist es möglich mittels einer gesetzlichen Norm die Grundrechte aus Artikel 5 Grundgesetz zu beschränken (vgl. Bieler 1997, S. 20).

Diese Unterscheidung ist vor allem aus dem Grunde sinnvoll, da ansonsten das Grundgesetz mit Hilfe eines einfachen Gesetzes unterlaufen werden könnte. Der Legislative wird hier also die Möglichkeit genommen, die Verfassung durch einfache Mehrheiten auszuhöhlen (vgl. Blank 1996, S. 50).

In der Weimarer Reichsverfassung wurden „allgemeine Gesetze" als Bestimmungen interpretiert, „die sich nicht gegen die Äußerung der Meinung an sich richten" (Blank 1996, S. 50). Nach der Rechtssprechung des Bundesverfassungsgerichtes lautet heute werden unter dem Begriff „allgemeine Gesetze" „alle Gesetze" verstanden, die „dem Schutze eines schlechthin, ohne Rücksicht auf bestimmte Meinung, zu schützenden Rechtsgutes dienen, dem Schutz eines Gemeinschaftswertes, der gegenüber der Betätigung der Meinungsfreiheit den Vorrang hat" (Blank 1996, S. 50). Eine gesetzliche Bestimmung, die es verbietet eine bestimmte Meinung zu äußern oder zu verbreiten würde also nicht mehr unter den Begriff des „allgemeinen Gesetzes" fallen (vgl. Blank 1996, S. 50).

Entscheidend für die Beurteilung, ob eine gesetzliche Norm unter den Bergriff des „allgemeinen Gesetzes" subsumiert werden kann ist die objektive Zweckrichtung eines Gesetzes. „Allgemeine Gesetze" haben immer eine doppelte Zweckrichtung. Zum einen regeln sie einen regelungsbedürftigen Tatbestand und zum anderen beschränken sie die Grundrechte des Artikels 5 Grundgesetz. Ein „allgemeines Gesetz"

liegt nur unter der Bedingung vor, dass die objektive, nicht die von der Legislative bestimmte, Zweckrichtung ihren Schwerpunkt nicht auf der Beschränkung der Meinungsfreiheit hat, sondern auf dem jeweils zu regelnden Tatbestand (vgl. Blank 1996, S. 50 f.).

Ein weiteres Problem in Bezug auf „allgemeine Gesetze", die die Grundrechte des Artikels 5 Grundgesetz beschränken können, ist die Tatsache, dass es nicht immer eindeutig ist, ob eine bestimmte Meinungsäußerung oder eine Tatsachenbehauptung auch tatsächlich unter die Bestimmungen dieser „allgemeinen Gesetze" subsumierbar ist (vgl. Grimm 1995, S. 1700).

Problematisch ist es hierbei den eigentlichen Sinn einer Aussage zu erkennen. Eine gleiche Äußerung kann in unterschiedlichen Kontexten einen völlig anderen Sinn erhalten. Dies kann sogar soweit gehen, dass beispielsweise der Sinn einer Meinungsäußerung genau das Gegenteil von dem darstellt wie es der eigentliche Wortlaut vermuten lässt, wenn man die Begleitumstände unberücksichtigt lässt. Der Sinn war auch in den Entscheidungen des Bundesverfassungsgerichtes immer das Ergebnis einer Deutung (vgl. Grimm 1995, S. 1700).

Diese Erkenntnis wird für die spätere Beurteilung des „Soldaten sind Mörder-Urteils" noch von besonders wichtiger Bedeutung sein. Die Entscheidung, ob eine Äußerung unter den Schutz der Meinungsfreiheit fällt oder nicht, muss neben der Prüfung ob ein „allgemeines Gesetz" vielleicht den Grundrechtsschutz aufheben könnte, auch immer unter dem Gesichtspunkt getroffen werden, ob die Auslegung dieser Aussage tatsächlich zu den Ergebnis führt, dass sie in den Geltungsbereich dieses „allgemeinen Gesetzes" fällt. Eine Verurteilung kann also nur dann stattfinden, wenn nach ausreichender Prüfung feststeht, dass alle Auslegungsmöglichkeiten, die nicht den „allgemeinen Gesetzen" subsumierbar sind, ausgeschlossen werden können. Ebenso ist es wichtig, den Kommunikationszusammenhang zu betrachten. Ein und derselbe Begriff kann unter Umständen bei einer hitzigen Diskussion an einem Stammtisch eine völlig andere Bedeutung haben, als wenn er von Wissenschaftlern in einer fachlichen Diskussion gebraucht worden wäre (vgl. Grimm 1995, S. 1700).

3.4 Der Jugendschutz

Der Jugendschutz spielt für unsere weiteren Betrachtungen nur eine untergeordnete Rolle und soll daher nur der Vollständigkeit halber hier in aller gebotenen Kürze aufgeführt werden.

Der Jugendschutz ist neben den „allgemeinen Gesetzen" eine eigenständige Beschränkung der Meinungsfreiheit. Man kann ihn von daher als die stärkere von beiden Schranken bezeichnen, da unter der Bedingung des Jugendschutzes auch gesetzliche Normen erlassen werden können, die sich gegen die Äußerung von bestimmten Meinungen richten. Ziel dieser Beschränkung ist der Schutz der Jugend vor den Gefahren, die von der Verbreitung von bestimmten Meinungen ausgehen können, wie beispielsweise die Verherrlichung von Krieg oder Gewalttätigkeiten (vgl. Rohr 2001, S. 147).

3.5 Der Ehrenschutz

Die letzte Beschränkung der Meinungsfreiheit, die explizit in Absatz 2 genannt wird, ist das Recht der persönlichen Ehre. Nach Urteilen des Bundesverfassungsgerichtes kann allerdings davon ausgegangen werden, dass der sogenannte Ehrenschutz nur insofern auch tatsächliche Auswirkungen auf die Grundrechte in Absatz 1 hat, soweit dies durch Gesetze bestimmt wird (vgl. Seifert / Hömig 1999, S. 100).

Zwischen Meinungsfreiheit und Ehrenschutz besteht oft ein gewisses Spannungsverhältnis. Bei der Entscheidung, welcher der beiden Sachverhalte ein größeres Gewicht erhalten soll, kommt es in den Entscheidungen der Verfassungsjustiz immer auf die Abwägung des jeweils behandelten Einzelfalles an. Die Pflicht zur Rücksichtnahme auf die Persönlichkeit wurde in der Regel als Schranke anerkannt, wenn die getätigte Äußerung sinngemäß durch eine nicht kränkende Form der Aussage ersetzt hätte werden können. Bei der gezielten Herabsetzung einer Person oder einer Schmähung

ging der Schutz der persönlichen Ehre regelmäßig vor. Eine Schmähung liegt laut Bundesverfassungsgericht insbesondere dann vor, wenn der eigentliche Zweck der getätigten Aussage die Kränkung einer Person war und sie nicht zur Auseinandersetzung in der Sache dient. Bei Tatsachenbehauptungen, die erwiesen unwahr sind, tritt die Freiheit der Meinungsäußerung sogar regelmäßig hinter den Persönlichkeitsschutz zurück (vgl. Seifert / Hömig 1999, S. 100 f.).

4. Das „Soldaten sind Mörder"-Urteil

Im nun folgenden vierten Kapitel soll zunächst die Vorgeschichte des Urteils dargestellt werden (Kapitel 4.1). Dies ist für die Beurteilung unserer Fragestellung von besonderer Bedeutung, da wir uns nur durch eine Umfassende Kenntnis des Gesamtkontextes auch an späterer Stelle ein Urteil über die Entscheidung der Verfassungsjustiz erlauben können. In Kapitel 4.2 soll dann das Urteil an sich dargelegt werden, bevor wir uns mit den Reaktionen auf dieses Urteil beschäftigen (Kapitel 4.3).

4.1 Die Vorgeschichte

Der Ursprung des Zitates, das die deutsche Öffentlichkeit bis in die heutige Zeit beschäftigt und bereits in zwei Urteilen des Bundesverfassungsgerichtes endete, liegt bereits in der Zeit der Weimarer Republik. In der „Weltbühne" vom 4. August 1931 wurde eine Veröffentlichung von Ignaz Wrobel, dem politischen Pseudonym, von Kurt Tucholsky abgedruckt. In diesem Bericht mit dem Titel „Der bewachte Kriegsschauplatz" schilderte Kurt Tucholsky seine Erlebnisse aus den Zeiten des ersten Weltkrieges. Der Inhalt des Artikels beschäftigte sich vor allem mit der Feldpolizei, die den Kriegsschauplatz so abgesperrt hatte, dass nicht nur niemand unbefugt in diesen eindringen konnte, sondern auch so, dass kein flüchtiger Soldat einfach das Schlachtfeld verlassen konnte (vgl. Hepp / Otto 1996, S. 13). Der kleine Absatz, der in der damaligen Zeit genauso für Aufregung sorgte wie auch noch heute, lautete: „Da gab es vier Jahre lang ganze Quadratmeilen Landes, auf denen war der Mord

obligatorisch, während er eine halbe Stunde davon entfernt ebenso streng verboten war. Sagte ich: Mord? Natürlich Mord. Soldaten sind Mörder" (Tucholsky 1931, zit. n. Hepp / Otto 1996, S. 26).

Im laufe der Jahre machten sich immer wieder Menschen vor allem den Satz „Soldaten sind Mörder" für unterschiedlichste Zielsetzungen zu nutze. Fünf Personen, die jeweils wegen der Benutzung dieses Zitates zu Strafen verurteilt worden waren, legten schließlich unabhängig voneinander Verfassungsbeschwerde vor dem Bundesverfassungsgericht ein.

Der erste dieser fünf Personen war der Krefelder Christoph Hiller, ein 31jähriger Sozialpädagoge. Während des Golfkrieges im Jahre 1991 brachte er auf seinem Auto drei Aufkleber an. Einen Aufkleber mit den Worten „Schwerter zu Pflugscharen", einen zweiten mit dem Bild eines sterbenden Soldaten und der Beschriftung „Why?" und schließlich einen dritten mit dem berühmten Tucholsky-Zitat „Soldaten sind Mörder". Ein Reserveoberleutnant zur See, der diesen Aufkleber sah, fühlte sich dadurch in seiner persönlichen Ehre verletzt und stellte Strafanzeige gegen Christoph Hiller. Hiller bekam darauf einen Strafbefehl wegen Volksverhetzung und wurde zur Zahlung von 8400 DM verurteilt, worauf er Einspruch einlegte. Aber das Amtsgericht Krefeld bestätigte am 29. Oktober 1991 den Strafbefehl mit der Begründung, dass ein objektiver Beobachter diesen Aufkleber so interpretieren müsse, dass alle Soldaten einschließlich der Bundeswehr Mörder seien, wodurch diese im Recht ihrer persönlichen Ehre verletzt würden. Hiller legt darauf Berufung ein, aber das Landgericht Krefeld bestätigt das vorausgegangene Urteil des Amtsgerichtes und auch die darauf eingelegte Revision wurde vom Oberlandesgericht Düsseldorf verworfen. Daraufhin reichte Christoph Hiller schließlich am 29. September 1992 Verfassungsbeschwerde wegen Verstoß gegen Artikel 5 Grundgesetz ein. Das Urteil des Bundesverfassungsgerichtes sollte bis zum 24. August 1994 auf sich warten lassen (vgl. Hepp / Otto 1996, S: 136).

Die vier anderen Fälle liefen zwar völlig getrennt voneinander ab, sie endeten aber schließlich in einem gemeinsamen Urteil des Bundesverfassungsgerichtes am 10. Oktober 1995.

Der erste dieser verbleibenden vier Fälle ist ein Vorgang, der sich im November 1989 in einer Berufsschule ereignete. In dieser Schule organisierte die Bundeswehr zur besagten Zeit eine Ausstellung mit dem Titel „Rührt euch". Im Rahmen dieser Veranstaltung wurden Karikaturen über das Leben in der Bundeswehr zu Schau gestellt. Ein Oberstudienrat und anerkannter Kriegsdienstverweigerer war über diese Ausstellung sehr erbost, da sie nach seiner Meinung das Leben in der Bundeswehr verherrliche und die schrecklichen Seiten des Krieges verschweige. Aus diesem Anlass fertigte er ein Flugblatt, dass er in mehreren Exemplaren in dieser Schule verteilte (vgl. Grimm / Kirchhof 1997, S. 664). In dieser Druckschrift hieß es unter anderem: „Sind Soldaten potentielle Mörder? Eines steht fest: Soldaten werden zu potentiellen Mördern ausgebildet. [....] Weltweit. Auch bei der Bundeswehr". Ein Soldat und das Bundesverteidigungsministerium stellten daraufhin Strafanzeige. Das Amtsgericht verurteilte den Oberstudienrat zu einer Geldstrafe wegen persönlicher Beleidigung des Soldaten und der gesamten Bundeswehr. Die Berufung vor dem Landgericht und die Revision vor dem Oberlandesgericht blieben wie schon bei Christoph Hiller erfolglos. Auch der Oberstudienrat legte daraufhin Verfassungsbeschwerden ein (vgl. Grimm / Kirchhof 1997, S. 664 f.).

Ein weiterer Fall ereignete sich ebenfalls im November 1989. Nachdem ein Arzt in einem ähnlich gelagerten Fall, dem sogenannten „Frankfurter Soldatenprozess" frei gesprochen worden war, schrieb der spätere Beschwerdeführer einen Leserbrief, der am 2. November 1989 in der in Mainz erscheinenden „Allgemeinen Zeitung" abgedruckt wurde (vgl. Grimm /Kirchhof 1997, S. 665). Dieser Leserbrief begann mit einem Teil des Zitates von Tucholsky aus der Weltbühne vom 1931. Weiter hieß es in dieser Veröffentlichung unter anderem: „Ich erkläre mich in vollem Umfang mit Herrn A. solidarisch und erkläre hiermit öffentlich: ´Alle Soldaten sind potentielle Mörder`." (vgl. Mitglieder des Bundesverfassungsgerichtes 1995, S. 281). Weiterhin Vertrat der Beschwerdeführer in seinem Brief die Meinung, dass die Entscheidung für die Errichtung einer Armee immer die Bereitschaft zum staatlich legitimierten Massenmord einschließen würde. Mehrere Angehörige der Bundeswehr, die diesen Leserbrief gelesen hatten, stellten Strafanzeige. Das Amtsgericht verurteilte den späteren Beschwerdeführer zu einer Geldstrafe wegen Beleidigung aller Antragsteller und aller Bundeswehrangehörigen. Auch hier blieben wiederum die Berufung vor dem Landgericht und die Revision vor dem Oberlandesgericht erfolglos, worauf auch dieser Beschuldigte Verfassungsbeschwerde wegen Verletzung des Artikels 5

Grundgesetz vor dem Bundesverfassungsgericht einlegte (vgl. Grimm / Kirchhof 1997, S. 665).

Das dritte Ereignis dieser Art ereignete sich bereits im September 1988. Der spätere Beschwerdeführer, ein zu dieser Zeit 30 jähriger Student, besuchte einige seiner Bekannten in Mittelfranken. Zur gleichen Zeit fand in diesem Ort das NATO-Herbstmanöver „Certain Challenge" statt. Nach späteren Angaben des Studenten war dies das erste Mal, dass er persönlich mit einem großen Manöver und Soldaten in Kampfanzügen konfrontiert wurde. Auch ganz in der Nähe seines damaligen Aufenthaltsortes waren etwa sieben bis zehn Kettenfahrzeuge der amerikanischen Streitkräfte in Stellung gebracht worden, was den Studenten sehr erboste. Als Reaktion darauf schrieb er auf ein Bettuch mit roter Farbe den Text: „A SOLDIER IS A MURDER". Das Transparent befestigte er schließlich an einer Straßenkreuzung. Kurze Zeit später fuhr an diesem Bettuch ein Oberstleutnant der Bundeswehr vorbei, informierte die Polizei und stellte Strafantrag. Das Amtsgericht verurteilte den Studenten zu einer Geldstrafe wegen Beleidigung. Dabei unterstellte das Gericht, dass der Angeklagte das Wort „Murder" nur versehentlich anstatt „Murderer" gebraucht hätte, da die Übersetzung „Ein Soldat ist ein Mord" keinen Sinn ergebe, während der Student darlegte, dass er mit dieser Formulierung auf die Doppelrolle des Soldaten als Täter und als Opfer hätte aufmerksam machen wollen. Auch in diesem Falle blieben wieder Berufung und Revision erfolglos, worauf die Verfassungsbeschwerde des Studenten folgte (vgl. Mitglieder des Bundesverfassungsgerichtes 1995, S. 268-275).

Der letzte verbleibende Fall nahm wiederum im November 1989 seinen lauf. Er ereignete sich in der Münchener Olympiahalle, wo zu dieser Zeit eine Motorradausstellung mit dem Titel „Greger-Racing-Show" stattfand. Auf dieser Veranstaltung befand sich auch ein Informationsstand der Bundeswehr, wo militärische Gerätschaften und verschiedene Videos gezeigt wurden. Um kurz vor 16 Uhr kamen sechs Personen zu diesem Informationsstand, worunter sich auch die spätere Beschwerdeführerin befand. Vier von diesen sechs Personen fingen kurz darauf an, vor dem Stand der Bundeswehr Flugblätter zu verteilen und die Beschwerdeführerin hielt gemeinsam mit der sechsten Person ein 1 m x 3 m großes Transparent hoch. Auf diesem Spruchband war die Aufschrift „Soldaten sind potentielle MÖRDER" zu lesen. Das Wort Mörder war dabei mit dem Wort Kriegsdienstverweigerer überschrieben. Drei der vier Bundeswehrsoldaten, die an diesem Tag an dem Informationsstand beschäftigt

waren, stellten kurze Zeit später Strafantrag. Das Amtgericht verurteilte die Beschwerdeführerin wegen Beleidigung der drei Soldaten mit der Begründung, dass diese Formulierung auf eine innere Einstellung dieser drei Soldaten hätte hinweisen wollen. Der Begriff Mord bezeichne dabei eine auf einer besonders niedrigen Stufe stehende, verwerfliche Handlung. Auch in diesem Falle scheiterten Berufung und Revision. Die Beschwerdeführerin zog daraufhin mit der Begründung, dass sie im Recht ihrer Meinungsfreiheit nach Artikel 5 Grundgesetz verletzt worden sei, vor das Bundesverfassungsgericht (vgl. Mitglieder des Bundesverfassungsgerichtes 1995, S. 284-288).

4.2 Das Urteil

Insgesamt wurde zweimal vom Bundesverfassungsgericht über das Tucholsky-Zitat „Soldaten sind Mörder" ein Urteil gesprochen. Das erste Urteil am 24. August 1994 betraf, wie bereits oben erwähnt, lediglich den Fall des Sozialpädagogen Christoph Hiller.

Die Verfassungsbeschwerde, die Hiller eingereicht hatte wurde vom Bundesverfassungsgericht als offensichtlich begründet angesehen. In den Urteil des Bundesverfassungsgerichtes hieß es, dass der Sozialpädagoge Hiller durch die vorausgegangenen Urteile der Strafgerichte in seinen Grundrechten aus Artikel 5 Grundgesetz verletzt worden sei (vgl. Herdegen 1994, S. 2933).

Die Verfassungsrichter begründeten ihre Entscheidung folgendermaßen: Die Strafgerichte hätten die Aufschrift des Aufklebers in einer Weise gedeutet, die bei verständiger Würdigung des Zitates „Soldaten sind Mörder" nicht tragbar sei. Insbesondere das Wort „Mörder" sei in einem fachtechnischen Sinn ausgelegt worden. Die Auslegung dieses Wortes sei zu sehr am Strafgesetzbuch orientiert worden, wodurch Soldaten durch den Text des Aufklebers zu Schwerstkriminellen abgeurteilt würden. Allerdings könne man aus keinem der vorausgegangenen Entscheidungen eine befriedigende Begründung herauslesen, warum der Aufklebertext „Soldaten sind Mörder" tatsächlich von einem verständigen Leser in einer solchen Art und Weise gedeutet hätte werden müssen. Ganz im Gegenteil. In der Umgangssprache könne man in

der Regel nicht von einem solchen Verständnis des Wortes „Mörder" ausgehen. In der Alltagssprache würde diesem Begriff häufig jeder Tötungsakt subsumiert, der als nicht gerechtfertigt angesehen werde (vgl. Herdegen 1994, S. 2933).

Ein weiterer wichtiger Punkt, der von keinem der vorausgegangenen Urteile berücksichtigt worden wäre, sei der Gesamtzusammenhang der Aussage des Aufklebers. Vor allem sei die Bedeutung des Aufklebers mit der Aufschrift „Why?" nicht beachtet worden. Dieser Aufkleber lasse die Deutung zu, dass der Beschwerdeführer nach dem Sinn des Todes von Soldaten in kriegerischen Auseinandersetzungen hätte fragen wollen. Diese Auslegung lasse im Gesamtzusammenhang auch den Aufkleber „Soldaten sind Mörder" in einem völlig anderen Licht erscheinen, als es die vorausgegangenen Entscheidungen der Strafgerichte vermuten lassen. Die Auslegung der Äußerung „Soldaten sind Mörder" sei also keinesfalls zweifelsfrei möglich. Wenn aber nun eine Aussage mehrer Deutungen zulässt, von denen nicht alle strafbar seien, hätten sowohl das Amtsgericht als auch das Landgericht, die zur Verurteilung führende Auslegung nur dann zugrundelegen dürfen, wenn alle anderen Deutungsmöglichkeiten hätten ausgeschlossen werden können. Beide Strafgerichte hätten sich aber nach der Meinung des Bundesverfassungsgerichtes nicht genügend mit den verschiedenen Deutungsmöglichkeiten auseinandergesetzt (vgl. Herdegen 1994, S. 2933).

Auch in der zweiten Entscheidung des Bundesverfassungsgerichtes vom 10. Oktober 1995 wurde allen vier Beschwerdeführern zuerkannt, dass sie in den Grundrechten, die im Artikel 5 Grundgesetz verbrieft sind, verletzt worden seien.

Im Falle des 30 jährigen Studenten, der zum Anlass eines NATO-Manövers ein Transparent mit der Aufschrift „A SOLDIER IS A MURDER" aufgehangen hatte, habe das Amtsgericht nicht genügend Wert auf alternative Deutungen der Aufschrift gelegt. Das Amtsgericht war davon ausgegangen, dass der Beschwerdeführer das Wort „Murder" (= Mord) nur versehentlich benutzt habe und in Wirklichkeit „Murderer" (=Mörder) hätte schreiben wollen. Da man diese Absicht aber nicht beweisen könne, hätte die tatsächliche Aussage „Ein Soldat ist ein Mord" ganz unterschiedliche Deutungsmöglichkeiten zugelassen. Weiterhin werfen die Verfassungsrichter schließlich dem Landgericht vor, dass es wegen der Klangähnlichkeit von „Mörder" und „murder" die Aufschrift ebenfalls so gewertet hätte, als ob der Beschwerdeführer

tatsächlich auch das Wort „Mörder" geschrieben hätte und somit alle Soldaten zu Schwerstkriminellen hätte abstempeln wollen (vgl. Gounalakilis 1996, S. 483).

In Bezug auf den Oberstudienrat, der in einer Berufsschule aufgrund einer Ausstellung von Bundeswehrkarikaturen Flugblätter verteilt hatte, sei die Aussage des Flugblattes durch das Amtsgericht so gedeutet worden, dass jeder Soldat durch seine militärische Ausbildung zum Mörder würde und damit ein Mensch sei, der aus niedersten Motiven andere Menschen tötet. Wiederum sei es hier vom Amtsgericht verpasst worden, diese Deutungsmöglichkeit des Flugblattes ausreichend zu begründen und auch alternative Deutungsmöglichkeiten seien abermals nicht in Erwägung gezogen worden. Das Landgericht hat sich nach der Auffassung des Bundesverfassungsgerichtes sogar überhaupt keine Ausführungen zum eigentlichen Sinn des Flugblattes gemacht, sondern sei einfach davon ausgegangen, dass der beschuldigte Oberstudienrat die gestellte Frage, ob Soldaten Mörder seien, durch die Ausführungen in seinem Flugblatt selbst mit einem „ja" beantwortet hätte (vgl. Gounalakilis 1996, S. 483).

Was den Fall des Mannes angeht, der sich in der „Allgemeinen Zeitung" mittels eines Leserbriefes mit dem im „Frankfurter Soldatenprozess" freigesprochenen Arzt solidarisch erklärte, so verwies das Bundesverfassungsgericht darauf, dass hier das Landgericht es ebenfalls versäumt habe, verschiedene Deutungsmöglichkeiten des Leserbriefes zu berücksichtigen. Das Landgericht sei ohne eine Auslegung der durch den Beschwerdeführer getroffenen Aussagen davon ausgegangen, dass es sich bei dem in der „Allgemeinen Zeitung" erschienen Leserbrief um eine Verletzung der persönlichen Ehre der Ankläger gehandelt habe (vgl. Gounalakis 1996, S. 483).

Im letzen noch verbleibenden Fall ging es um die Beschwerdeführerin, die zusammen mit einigen anderen Personen in der Münchener Olympiahalle vor den Augen von vier Soldaten, die auf einer dort stattfindenden Motorradaustellung einen Informationsstand der Bundeswehr betreuten, ein Transparent mit der Aufschrift „Soldaten sind potentielle MÖRDER" entfaltete. Hierzu führten die Verfassungsrichter aus, das das Amtsgericht in dieser Aussage eine Beleidigung gesehen hätte, da das Wort „Mörder" eine grobe Missachtung der so bezeichneten Person enthalte. Auch der Zusatz „potentiell" und die Unterlegung des Wort „Mörder" mit dem Wort „Kriegsdienstverweigerer" hätten an dem Urteil des Amtsgerichtes etwas ändern können. Auch hier sei es versäumt worden zu überprüfen, ob die Äußerung einen anderen

19

Sinn hätte haben können. Das Flugblatt, welches gleichzeitig im Rahmen dieser Aktion verteilt worden war, hätte sowohl in der Entscheidung des Amtgerichtes als auch im Urteil des Landgerichtes keinerlei Berücksichtigung gefunden, obwohl dieses Flugblatt das Transparent durchaus in einen anderen Gesamtkontext hätte stellen können (vgl. Gounalakis 1996, S. 483).

4.3 Die Reaktionen

Insbesondere nach dem ersten Urteil des Bundesverfassungsgerichtes im Jahre 1994, herrschte in weiten Teilen der Bevölkerung und vor allem in der Bundeswehr große Empörung über die Entscheidung der Verfassungsrichter. Der deutsche Bundestag überlegte, ob es an der Zeit wäre mit einer Entschließung zum Schutze der Soldaten die Bundeswehr zu beruhigen (vgl. Wesel 1996, S. 59).

Viele Politiker kritisierten dieses Urteil scharf. Es war von „skandalösem Fehlurteil", von „Schande" und „Zumutung" die Rede. Hans-Dietrich Genscher war sogar der Meinung, dass den Soldaten durch diese Entscheidung der Verfassungsrichter der „Schutz der Menschenwürde" entzogen würde (vgl. Hepp / Otto 1996, S. 126).

Auch aus dem Grossteil der Zeitungsmeldungen war eine ablehnende Haltung gegen das Urteil herauszulesen. Überschriften wie „Unerträgliches Urteil" oder „Karlsruher Eiertanz" waren dir Regel. In den Artikeln der Zeitung war man zwar durchweg der Meinung, dass die Grundrechte des Artikels 5 Grundgesetz eine herausragende Stellung genießen müssten, allerdings sei die Bundeswehr wohl die bisher friedlichste deutsche Armee und außerdem sei die Entscheidung der Richter recht spitzfindig (vgl. Hepp / Otto 1996, S. 127).

Aber nicht nur in der Bevölkerung, bei Politikern und Journalisten regte sich Unmut, sondern auch in der Fachwelt. Namhafte Juristen waren sich keineswegs einig, ob dieses Urteil mit der bisherigen Rechtssprechung vereinbar sei. So schrieb beispielsweise der ehemalige vorsitzende Richter des Bundesgerichtshofes Gerhard Herdegen, dass nach der allgemeinen Rechtssprechung der Tatbestand der Beleidigung auch Erfüllt sei, wenn dies mit Hilfe einer Kollektivbezeichnung geschehen würde,

wie in diesem Fall. Legt man diese Rechtsauffassung zugrunde, so wäre Christoph Hillers Aufkleber „Soldaten sind Mörder" nicht durch das Grundrecht der Meinungs- freiheit geschützt gewesen (vgl. Herdegen 1994, S. 2934).

Prof. Dr. Horst Sendler, der ehemalige Präsident des Bundesverwaltungsgerichtes warf dem Bundesverfassungsrichtern vor, dass diese zwar die Liberalität als ein wichtiges Gut einschätzen würden, worin er durchaus mit ihnen übereinstimme, aber die Verfassungsrichter würden es mit der Liberalität eindeutig übertreiben (vgl. Sendler 1994, S. 351).

Auch nach dem zweiten Urteil der Verfassungsrichter in Sachen „Soldaten sind Mörder" im Oktober 1995 gab es wiederum großes Unverständnis in weiten Teilen der deutschen Bevölkerung und unter den Journalisten (vgl. Hepp / Otto 1996, S. 213–216). Friedrich Karl Fromme schrieb am 10. November 1995 in der „Frankfur- ter Allgemeinen Zeitung", dass sich die Rechtssprechung des Bundesverfassungsge- richtes, wie seinerzeit im Lüth-Urteil, an der „Gesamtheit der Wertvorstellungen" orientieren müsse. Ob sich diese „Gesamtheit der Wertvorstellungen" allerdings im Tucholsky-Zitat „Soldaten sind Mörder" wiederfinden lässt bezweifelt Fromme (vgl. Fromme 1995)

Unter Juristen war diese zweite Entscheidung des Bundesverfassungsgerichtes eben- falls nicht unumstrittener als die erste. Professor Dr. Georgios Gounalakis war bei- spielsweise der Meinung, dass die Auslegungen der Verfassungsrichter „gekünzelt" seien. Weiterhin bezweifelt er, ob der Begriff „Mörder" für den Durchschnittsbe- trachter überhaupt unterschiedliche Deutungen zulässt, wie es das Bundesverfas- sungsgericht in seinen Urteilen gefordert hatte (vgl. Gounalakis 1996, S. 483).

Diese juristische Auseinandersetzung machte keineswegs vor dem Toren des Bun- desverfassungsgerichtes halt. Bundesverfassungsrichterin Dr. Haas veröffentlichte ihre Meinung zu dem Urteil der Senatsmehrheit, worin sie deutlich machte, dass sie der Entscheidung in dieser Form nicht zustimme. Sie begründete ihre Auffassung unter anderem damit, dass es für sie nicht ersichtlich sei, dass die Entscheidungen der Amts- und Landgerichte die Bedeutung und die Ausstrahlung des Grundgesetzes nicht erkannt hätten (vgl. Grimm / Kirchhof 1997, S. 683-688).

21

5. Ist das „Soldaten sind Mörder-Urteil" mit der Rechtssprechung des Bundes-verfassungsgerichtes vereinbar?

Diese Frage beschäftigte, wie wir im Kapitel 4.3 gesehen haben, einen großen Teil der Öffentlichkeit, eine Vielzahl von Medienvertretern und Juristen. Selbst das Bundesverfassungsgericht konnte sich nicht auf eine einheitlich Meinung einigen. Die Beurteilung, ob das „Soldaten sind Mörder-Urteil" also tatsächlich mit der Rechtssprechung des Bundesverfassungsgericht vereinbar ist, ist also höchst umstritten und auch nicht einfach zu beantworten.

Schaut man sich in der bisherigen Rechtssprechungspraxis aber beispielsweise das Lüth-Urteil an, so stellt man fest, dass die Verfassungsrichter in dieser und auch in darauffolgenden Entscheidungen Wert darauf legten, dass eine Verfassungsauslegung an den dominierenden Wertvorstellungen ausgerichtet werden müsse. Betrachten wir uns nun das „Soldaten sind Mörder-Urteil", so scheint sich das Bundesverfassungsgericht in diesem Punkt seiner Richtlinie nicht treu gewesen zu sein, denn eine Auslegung der Verfassung in diese Richtung war bestimmt nicht an den Wertvorstellungen eines überwiegenden Teiles der deutschen Bevölkerung orientiert.

Eine Begründung, welche die Richter in allen fünf verhandelten Fällen gebrauchten, war die, dass die Amts- und Landgerichte das Wort „Mörder" nicht genügend auf seine Deutungsmöglichkeiten überprüft hätten. Dieses Argument halte ich ebenfalls für sehr zweifelhaft. Ein durchschnittlicher objektiver Betrachter dürfte beim Anblick dieses Substantivs zwar nicht an die vom Bundesverfassungsgericht kritisierte Auslegung an den Richtlinien des Strafgesetzbuches denken, aber doch zumindest an einen niederträchtigen Schwerstkriminellen. So war auch der schon in Kapitel 4.4 erwähnte Richter Herdegen der Meinung: „Die Bedeutung, die in der Alltagssprache mit dem Wort ´Mörder` assoziiert wird, beruht auf einer vereinfachten Stereotype: Der Mörder ist der herausgehobene Verbrecher." (Herdegen 1994, S. 2934).

Aus diesen Gründen erhält das „Soldaten sind Mörder-Urteil" zumindest einen bitteren Beigeschmack und es liegt durchaus nicht so eindeutig innerhalb der eigenen

22

Rechtssprechungsprinzipien des Bundesverfassungsgerichtes, wie vor allem von den Befürwortern des Tucholsky-Zitates nach dem Urteil gerne behauptet wurde.

Literaturverzeichnis

Bieler, Dirk 1997: Berliner Kommentar zum Grundgesetz. Berlin: Erich Schmidt

Blank, Michael 1996: Grundgesetz: Basiskommentar. Köln: Bund-Verlag

Fromme, Friedrich Karl 1995: Soweit Wertvorstellungen reichen. Worauf sich das Verfassungsgericht bei seiner „Soldaten-sind-Mörder"-Rechtssprechung stützt, in: Frankfurter Allgemeine Zeitung vom 10. November 1995

Gounalakis, Georgios 1996: „Soldaten sind Mörder", in: Neue Juristische Wochenschrift vom 21. Februar 1996, S. 481-487

Grimm, Dieter 1995: Die Meinungsfreiheit in der Rechtssprechung des Bundesverfassungsgerichtes, in: Neue Juristische Wochenschrift vom 5. Juli 1995, S. 1697-1705

Grimm, Dieter / Kirchhof, Paul 1997: Entscheidungen des Bundesverfassungsgerichtes, 2. erweiterte Auflage. Tübingen: J.C.B. Mohr (Paul Siebeck)

Hepp Michael / Otto, Viktor 1996: "Soldaten sind Mörder" Dokumentation einer Debatte 1931-1996, 1. Auflage. Berlin: Christoph Links

23

Herdegen, Gerhard 1994: „Soldaten sind Mörder", in: Neue Juristische Wochenschrift, Heft 45/1994, S. 2933-2934

Hesse, Konrad 1995: Grundzüge des Verfassungsrechtes der Bundesrepublik Deutschland, 20. neubearbeitete Auflage. Heidelberg: Müller

Hitschold, Hans-Joachim 2003: Staatskunde. Grundlagen für die politische Bildung, 12. überarbeitete Auflage, Stuttgart u.a.: Richard Boorberg

Mitglieder des Bundesverfassungsgerichtes 1995: Entscheidungen des Bundesverfassungsgerichtes. Karlsruhe

Rohr, Wolfgang 2001: Staatsrecht: mit Grundzügen des Europarechts: Ein Basisbuch. Köln u.a.: Carl Heymanns

Sendler, Horst 1994: Kann man Liberalität übertreiben?, in: Zeitschrift für Rechtspolitik, Heft 9/1994, S. 343- 351

Siefert, Karl-Heinz / Hömig, Dieter 1999: Grundgesetz für die Bundesrepublik Deutschland: Taschenkommentar. Baden-Baden: Nomos

Wesel, Uwe 1996: Die Hüter der Verfassung. Frankfurt am Main: Eichborn

Lightning Source UK Ltd.
Milton Keynes UK
UKHW010107141218

333982UK00001B/200/P